ZOOLÓGICO de POEMAS

POETRY ZOO

Margarita Montalvo

SCHOLASTIC INC.

New York   Toronto   London   Auckland   Sydney
Mexico City   New Delhi   Hong Kong   Buenos Aires

Zoológico de poemas
Poetry Zoo

Poemas originales, traducción e ilustración
Original poems, translation, and illustration
Margarita Montalvo

Revisores del texto en inglés / English Editors
Seth Biderman y Peter Gregory

Revisora del texto en español / Spanish Editor
Rosa Elena Araúz de Leyba

Fotografías / Photographs
France Sarradon

Diseño / Layout
María Luisa Martínez Passarge

ISBN 0-439-70681-5

Copyright © 2004 by Malavisco Productions, 6841 Mossman Place N.E. Suite C, Albuquerque, New Mexico 87110, USA. All rights reserved. Published by Scholastic Inc., 557 Broadway, New York, NY 10012, by arrangement with Malavisco Productions, malaviscoprod@aol.com. SCHOLASTIC and associated logos are trademarks and/or registered trademarks of Scholastic Inc.

12 11 10 9 8 7 6 5 4 3   6 7 8 9/0

Printed in the U.S.A.

First Scholastic printing, December 2004

PRÓLOGO

Margarita Montalvo es el *Peter Pan* y el *Flautista de Hamelín* de épocas de magia y fantasía. Ha venido en nuestro tiempo a embelesar a los niños y a guiarlos por el mundo con los poemas que ella ha creado. Su voz tiene el tintineo del carro de helados que va por los vecindarios deleitando a los niños.

Un elefante que quiere volar. Flamenca, el ave que se siente fea porque tiene patas flacas. Un renacuajo que está ansioso por ser sapo. Una ballena que arrulla a su bebé. Todos los poemas presentan problemas humanos que de una manera u otra se resuelven felizmente. Al emprender el viaje con Margarita por el *Zoológico de Poemas* los niños estarán aprendiendo valiosas lecciones de compasión, tolerancia, perdón y responsabilidad. Las ilustraciones son hermosas y enfatizan las soluciones. Los niños también estarán aprendiendo español e inglés con amor y gozo.

Yo, que he dedicado mi vida a la formación académica de niños de todas las edades, recomiendo este libro con verdadero cariño y gran admiración.

Sabine R. Ulibarrí
Profesor Emérito
Universidad de Nuevo México
Albuquerque, Nuevo México, EE. UU.

PROLOGUE

Margarita Montalvo is the *Peter Pan* and *Pied Piper* from the days of magic and fantasy. She has arrived in our era to bewitch the children and guide them through the world with the poems she has created. Her voice has the tinkling sound of the ice cream wagon that goes through neighborhoods delighting children.

An elephant that wants to fly. Flaminga, a bird that considers herself ugly because she has skinny legs. A tadpole who is anxious to be a toad. A whale who lulls her baby to sleep. All poems present human problems that, somehow, are beautifully resolved. As children go through the *Poetry Zoo* with Margarita they will be learning valuable lessons of compassion, tolerance, forgiveness and responsibility. The illustrations are beautiful and emphasize the solutions. The children will also be learning Spanish and English with love and joy.

I, who have dedicated my life to the education of children of all ages, recommend this book with genuine affection and admiration.

SABINE R. ULIBARRÍ
Professor Emeritus
University of New Mexico
Albuquerque, New Mexico, U.S.A.

ZOOLÓGICO DE POEMAS

Horario

Está abierto todos los días y a toda hora.

Reglas para los visitantes

Pueden venir solos o acompañados.

Se permite darles de comer a los poemas.
Comen de todo: risas y lágrimas.

Lean los poemas en español o en inglés,
en silencio o en voz alta.

Se recomienda que pasen las páginas despacito;
algunos poemas se marean a alta velocidad.

Se permite caminar sobre el césped con o sin zapatos.

Advertencia

Ni el zoológico ni yo nos hacemos responsables
si pisan caquita de mariposas.

¡Que se diviertan!

Margarita Montalvo

POETRY ZOO

Hours

Open every day at all hours.

Rules for visitors

You may come alone or with someone else.

Feeding the poems is allowed.
They eat everything from laughter to tears.

Read the poems in Spanish or in English;
to yourself or aloud.

Turning the pages slowly is recommended.
High speed makes some of the poems dizzy.

You may walk on the grass, barefoot or with shoes.

Warning

Neither the zoo nor I is responsible
if you step in butterfly poo.

Have fun!

Margarita Montalvo

Poemas Voladores

Poemas que van volando
buscando dónde posar;
algunos tiran caquitas
y otros… granitos de sal.

Flying Poems

Poems flying up in space
searching for a landing spot;
some pass by just dripping poo,
others… dabs of golden spice.

BAÑO DE ESPUMA

Los poemas no se bañan
con agua ni con jabón,
sólo juegan en la espuma
de sueños y de ilusión.

FOAM BATH

Poems are not fond of bathing
neither with water nor soap,
they just play and bubble up
in the foam of dreams and fun.

11

ALAS DE ELEFANTE

—Si tuviera alas
bien podría volar
como las gaviotas
vuelan sobre el mar.

—¡Lo que más anhelo
es volar… volar!
¿Y estas orejotas,
no me servirán?

Comenzó a moverlas
pa'lante y pa'trás
cual si fueran alas
para despegar.

¡Que brisa tan fresca
de orejas logró!
Refresco de lluvia
su trompa goteó.

Aves, mariposas, abejas y sol
bajan a su lomo para reposar
cual ramo de flores
que sale a pasear.

Con sus orejotas
no pudo volar
pero en sus espaldas
puede transportar
arco iris de alas
que al aire se van.

ELEPHANT'S WINGS

"All I need are wings
to float through the clouds
like seagulls that soar
and glide who knows how."

"When I dream, I yearn
to zoom through the sky.
What about my ears,
could they help me fly?"

He began to whip them
way back and far forth
imploring those ears
to take him up North.

What wonderful breeze
the flap did create!
What refreshing rain
his long trunk could spray!

Birds and butterflies
now land on his back
and look like fresh flowers
on an Easter hat.

He's no longer worried
because he can't fly;
he's carrying a rainbow
of wings from the sky.

COCODRILO Y COLIBRÍ

—No llores más, cocodrilo—,
le decía el colibrí,
—cambia lagrimitas de oro
por sonrisas de marfil.

CROCODILE AND HUMMINGBIRD

"Please stop crying, crocodile",
hummed the tiny hummingbird,
"turn those little golden tears
into smiles of pearly teeth."

MAMÁ BALLENA

¿Tú sabes que la ballena
siempre arrulla a sus bebés?
Por eso tengo un secreto:
ballenita quiero ser.

Va llena de cancioncitas,
de fuentes que abren en flor;
va flotando entre primores
de olas rizadas de amor.

MOTHER WHALES

Did you know that mother whales
cuddle their babies to sleep?
I have a secret to tell you:
I want to be a baby whale.

Whales have loads of lullabies,
and springs like flowers in bloom;
they ride smoothly through deep waters
over curling waves of love.

EL RENACUAJO

—Aquí en la charca escondido,
rodeado de agua y sin sol,
me empujo con la colita
cual si ella fuera un motor.

—Ahora soy un renacuajo
y un sapo llegaré a ser,
podré salir de las aguas
y por tierra saltaré.

THE TADPOLE

"I hide here underwater
where it's dark, deep in the pond.
I use my tail as a motor,
but dream of having some fun."

"Right now I'm only a tadpole
but in time I'll be a frog,
and I'll leave the murky waters
to go jumping by my pond."

LA SALAMANDRA SUSANA

La salamandra Susana
va a su sala a descansar
y estira la cola larga
en sus hojas del sofá.

Sueña con un sapo verde,
simpático en realidad,
que salta de piedra en piedra
y le canta sin cesar.

Después de una larga siesta
Susana sonriente está
porque mira entre las hierbas
y ve que él viene a bailar.

SUSANNA THE SALAMANDER

Susanna, the salamander,
does not miss her beauty sleep;
she stretches her long gray tail
on her cozy sofa of leaves.

In her dream, a big, green frog
who is very kind and sweet,
swings and sings from rock to rock
serenading her deep sleep.

Awakening Susanna smiles
for she can see over the grass
that her dream has come to life,
and he's dancing by her plant.

17

LEÓN, EL DEL PELUCÓN

Al admirar las leonas
la melena de León
el muy mal agradecido
de sus calvas se burló.

Se reunieron indignadas
para darle una lección;
no permitirán sus burlas
por lo pelonas que son.

Cuando roncaba en su cueva,
cansado ya de cazar,
lo dejaron tan calvito
como bola de billar.

Furioso y patidifuso
en la jungla él se escondió;
ya no le queda ni un pelo
de guapo ni de feroz.

Con el correr de los años
siempre calvo se quedó;
por fin salió de la selva
y arrepentido volvió.

Fue entonces que decidieron
demostrar su compasión
y entre todas le tejieron
un hermoso pelucón.

Usaron el propio pelo
que guardado en un cajón
conservaron con cuidado,
como señal de perdón.

Su melena es más bonita
de lo que él jamás soñó
y ahora es todo un caballero,
León, el del pelucón.

MR. LION'S WIG

The lionesses admired
Mr. Lion's thick brown mane,
but he laughed and called them "baldy";
showing not a bit of shame.

Indignant they called a meeting:
"That lion has gone too far;
we simply cannot allow him
to make fun of how we are."

He was snoring after hunting,
when into his cave they crawled,
they plucked his hair in a jiffy;
he looked like a basketball.

In a fury and flabbergasted
he fled to the woods to hide;
no longer did he feel handsome,
gone were his courage and pride.

One by one the years passed by,
but his mane never grew back;
and at last, very remorseful,
he came shuffling to his pack.

The lionesses decided
to show how kind they could be,
and in a whisk tightly knitted
a fabulous hairpiece.

They used his very own hair,
for they'd saved it all along,
waiting for that brighter moment
when his mocking would be gone.

His mane is now even grander
than his own had ever been;
Mr. Lion has turned gentle
and is thankful for his wig.

LA LORA DOÑA BOCHINCHES

La lora doña Bochinches
sólo sabe cotorrear
de chismes y cosas feas;
de todos tiene que hablar.

—No hables tanto, cierra el pico,
pero si quieres hablar
dilo bonito y clarito,
limpio y sin exagerar.

—A las cosas que tú digas
pizcas de amor les pondrás;
sabrán como bomboncitos
y a todos les gustarán.

THE PARROT, MISS GOSSIPMONGER

Miss Gossipmonger, the parrot,
blabs only nonsense day long;
starting mean and idle rumors
with her constant rumor song.

"That's enough, now close your beak,
but in case you will not stop,
be considerate and gentle
and more careful with your talk."

"Add drops of love to your words,
and sprinkle sugar on top,
what you say will be delicious
and yummy as a lollipop."

20

BLANCA LOBA

Blanca loba
lanudita
luciendo su cola va.

Cola blanca,
blanca luna,
gran cola de luna y sal.

Plata y luceros sus ojos;
su cola, ¡cola real!
Colita de caracolas
que caracoleando va.

LADY WOLF

Furry and white
the lady wolf
goes proudly waving her tail.

White her tail
and white the moon,
prancing and shining away.

Her eyes are like stars, like silver.
Her tail, a majestic sight!
Pearly tail of curly conches
cavorting as she goes by.

FLAMENCA, LA PATIFLACA

Flamenca, la patiflaca
veía a las chicas pasar
con sus lindas minifaldas
y sandungueando al andar.

Llevaban tacones altos
con tiritas de cristal
que mostraban diez deditos
con sus uñas de coral.

Qué furia sintió Flamenca
al oírlas murmurar:
—¡Qué pajarraca tan fea,
qué patas, por caridad!

Fue tal su rabia y bochorno
que hasta la sangre le hirvió
y el plumaje paliducho
rosado se le tornó.

Desde ese día, Flamenca
va paseando por ahí
cual rosa de tallo largo
con sus plumas carmesí.

FLAMINGA, THE SKINNY LEGGED

Flaminga, the skinny-legged
would watch the girls who passed by
wearing miniskirts with ribbons
that hardly covered their thighs.

On their feet, those high heel sandals
with transparent crystal strips,
revealed their pretty toesies
dotted with bright coral tips.

Flaminga felt hurt and angry
when she heard their nasty digs:
"What a weird and ugly creature,
just look at her skinny twigs!"

She was so angry and embarrassed
that her blood began to boil
and her pale colorless feathers
turned bright pink from head to soil.

Flaminga changed since that day;
now she flaunts her shiny coat
as she strides, stretching her figure
like a long-stemmed crimson rose.

23

DON PELÍCANO

Don Pelícano quería
hacerse una operación
para cortarse aquel buche
que a él nunca le agradó.

—¿Por qué quieres que lo corte?—
el doctor le preguntó.
—Yo quiero un cuello de cisne,
bien largo y elegantón.

—Si te quitaras el buche
se te iría tu esplendor;
no podrán reconocerte
las aves de la región.

Se fue a la playa a pensar
y a ver a otros pescar.
—Si ellos tuvieran mi buche
pescarían mucho más.

Ahora sobre mares vuela
contento con su poder,
y por fin se ha dado cuenta
que el buche es lo mejor de él.

MR. PELICAN

Mr. Pelican persisted
in hating his double chin
and went to the local surgeon
to get a cosmetic trim.

"Why do you want me to cut it?"
the wise doctor said to him.
"I would like to be as elegant
as white swans with necks so slim."

"If you really want to do it
I'll promptly cut it next week,
but you'll look like all the others,
you'll no longer be unique."

Pensive, up on his beach pole,
he watched birds fishing the sea,
"They swoop and dive very pretty,
but none catch more food than me."

Now he flies over the waters
proud of his fisherman skill,
grateful for having this power
and satisfied with his bill.

LA NIÑA DEL RÍO

—Báñate niña en el río
y verás cómo es ser pez—.
Así le dijo al oído
el sol del amanecer.

Despacio, muy despacito,
al agua se sumergió
y poco, poco a poquito,
en un pez se convirtió.

Amarillas sus escamas,
aletas de ángel de mar,
y se fue corriente abajo
con su ilusión de viajar.

Allá vio a miles de peces
y hasta una estrella fugaz;
se alimentó de las algas,
del gran placer de nadar.

Pero ya al caer la tarde
en su cama quiso estar
y volvió a salir del río
para esta historia contar.

RIVER GIRL

"Bathe in the river, dear girl,
and you'll feel like a fish,"
whispered in her ears the sun
shining on her tiny feet.

Slowly, very very slowly,
into the waters she went
and little, little by little,
turned into a wondrous fish.

Her scales, a bright sunny yellow,
fins flying like angel's wings,
down the stream she swam so swift,
eager to travel the deep.

She saw fish of every color
and a shooting star go "SWISH!"
She nourished herself with algae;
her great pleasure was to swim.

But as it was getting darker
she began to miss her bed,
so she emerged from the river
to recount her journey instead.

EL GALLO PELEÓN

Al bailongo llegó el gallo
del brazo de la Julieta,
la gallina más hermosa
en aquella alegre fiesta.

En su cresta roja, un peine
entre sus plumas, carmín
entre sus ojos tristones
lágrimas azul añil.

Los gallos le coqueteaban
y el novio se violentó;
ella se mostró enojada
y pronto le cacareó.

—Yo vine aquí a divertirme,
no a pelear ni a discutir;
si quieres bailar conmigo
no puedes portarte así.

El gallo, ruborizado,
hacia el maizal se fue
buscando cómo calmarse
para con ella volver.

Regresó cual caramelo,
con mazorcas de maíz,
deseando robarle un beso
y verla siempre feliz.

THE SCRAPPY COCK

The cock arrived at the party
with Miss Juliette on his arm.
For many she was the prettiest,
most graceful hen of the farm.

Her hen's comb tall and bright red,
her feathers, shiny and well groomed,
her eyes had a tinge of sadness
that concealed blue tears of gloom.

As the roosters flirted with her
the scrappy boyfriend got mad.
Miss Juliette crowed at him firmly;
she would not put up with that.

"I came here for entertainment,
just to dance, not to see fights.
If you wish to be my partner
you control your temper, fast!"

He flew away to the corn fields
feeling upset and ashamed;
but when he calmed down he knew
he would have to make a change.

He returned strutting and singing
to give her some husks he'd picked
in hopes of making her happy
(and maybe stealing a kiss!).

29

EL CHIVITO MARINERO

El chivito marinero
en barco se fue a la mar
pero no estaba contento
sin pasto donde pastar.

Allí no había nada verde
ni montes para saltar;
agua a los cuatro costados,
agua azul e inmensidad.

Un día allí acurrucado
tomando un baño de sol
vio pasar al cocinero
con lechugas y una col.

De salto en salto,
en silencio, al cocinero siguió
y en un rincón de la proa
muchas hierbas descubrió.

Aquel hombre allí tenía,
sembradas en un jarrón,
hojitas de todas clases
para impartir buen sabor.

Ahora el chivo es cocinero,
es el chef de ese vapor
y cuida de sus cultivos
sonriente y con mucho amor.

EL MONTE-MOUNTAIN

THE SAILOR GOAT

Fancying he could be a sailor
this young goat went off to sea,
but soon he grew quite unhappy
without green pastures to feed.

No grass growing anywhere,
no mountains to romp around;
endless expanse of blue water,
not even an inch of ground.

While sunbathing on the deck,
all curled up inside a crate,
he spied the cook carrying cabbage,
big bowls of lettuce and greens.

Skipping he followed the man,
careful not to make a sound,
and in the prow of the vessel
loads of fragrant herbs he found.

The old cook had neatly planted,
in large, open-mouthed clay pots,
fragrant leaves and various spices
to add flavor to the stock.

The goat has become a farmer,
and salad chef of the ship,
he cares for his tasty garden,
with grins of joy on his lips.

EL PAVO REAL

El primero de los pavos
tenía un calor infernal
pero para refrescarse
no podía ni volar.

Cuando el calor del verano
más y más lo hacía sudar
vio pasar a una señora
con abanico estelar.

Ruiqui, ruiqui,
abre y cierra,
cierra y abre
y refrescar.

—¡Si tuviera un abanico
una brisa haría soplar!
Y le creció un abanico,
pero a la parte de atrás.

Es enorme como cola
de reina muy principal,
lo abre y cierra a su antojo
y lo envidian los demás.

THE PEACOCK

The very first of all peacocks
on sunny days felt too hot
his wings were too short for flying;
he had no way to cool off.

When the summer grew too hot,
his sweat made pools in the sand.
Then he spied a wealthy lady
who cooled herself with a fan.

Open, close it,
close and open,
swish, and swish,
It's cool, so cool.

"If I only had a fan
a breeze would cool me like rain!"
Suddenly his feathers stretched
till they shaped a regal train.

His tail now opens and closes
a beautiful sight to see,
it's the envy of all the others
who long for a summer breeze.

33

ALAS Y MÁS ALAS

Alas largas, alas cortas,
alas de campo y ciudad,
alas de todos colores
y todas pueden volar.

Algunas vuelan bajito,
parecen sólo brincar;
otras suben muy arriba
a las nubes y al palmar.

—Pero recuerden, niñitos,
ya que pronto volarán:
que aunque las alas importan
los esfuerzos vuelan más.

WINGS AND MORE WINGS

Long wings, short wings,
wings of every shade and size,
country wings and city wings,
and somehow all of them fly.

Some wings are made just for hopping,
to barely lift off the ground;
others propel over palm trees,
over mountains, over clouds.

"But remember, dear children,
as you get ready to fly,
though your wings are very important,
you won't take off till you try."

GLOSARIO

(Del español al inglés)

Nombres	*Nouns*
abanico	*fan*
aire	*air*
alas	*wings*
amor	*love*
animales	*animals*
ave	*bird*

A

B

ballena	*whale*
baño	*bath*
bebé	*baby*
brisa	*breeze*
buche	*double chin*

Nombres	*Nouns*
caca /caquita	*poo / little poo*
chivo	*goat*
cocinero	*cook*
cocodrilo	*crocodile*
cola	*tail*
colibrí	*hummingbird*
cresta	*comb (hens'/roosters')*

C

E

elefante	*elephant*
espuma	*foam*
estanque	*pond*
estrella	*star*

F

fiesta	*party*
flamenco	*flamingo*

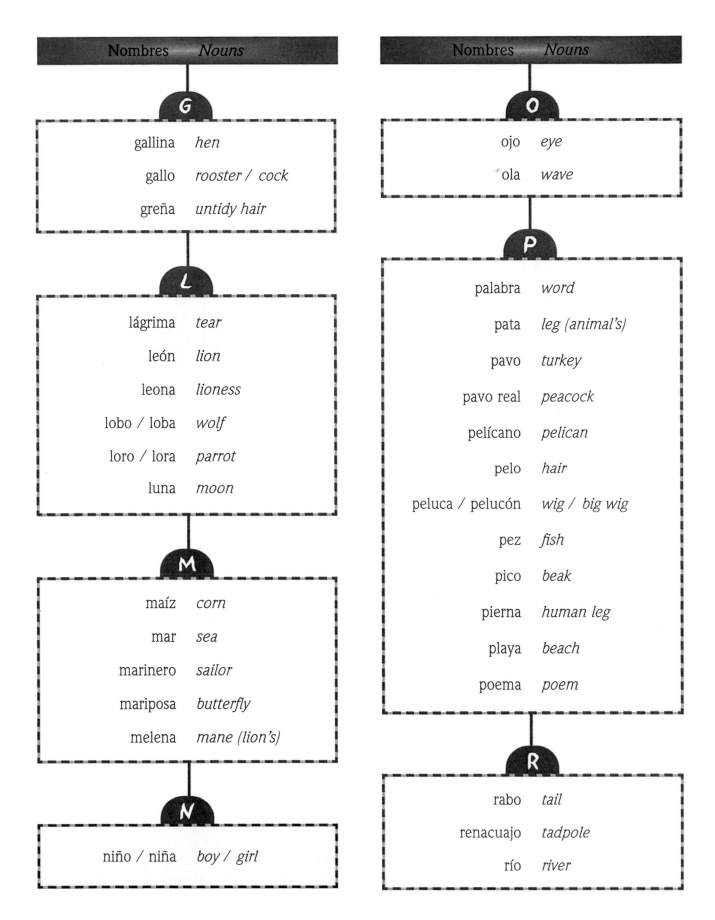

Nombres — *Nouns*

G

gallina	*hen*
gallo	*rooster / cock*
greña	*untidy hair*

L

lágrima	*tear*
león	*lion*
leona	*lioness*
lobo / loba	*wolf*
loro / lora	*parrot*
luna	*moon*

M

maíz	*corn*
mar	*sea*
marinero	*sailor*
mariposa	*butterfly*
melena	*mane (lion's)*

N

niño / niña	*boy / girl*

Nombres — *Nouns*

O

ojo	*eye*
ola	*wave*

P

palabra	*word*
pata	*leg (animal's)*
pavo	*turkey*
pavo real	*peacock*
pelícano	*pelican*
pelo	*hair*
peluca / pelucón	*wig / big wig*
pez	*fish*
pico	*beak*
pierna	*human leg*
playa	*beach*
poema	*poem*

R

rabo	*tail*
renacuajo	*tadpole*
río	*river*

S

salamandra	*salamander*
sapo	*frog*
señora	*lady*
sol	*sun*
sonrisa	*smile*

V

| viento | *wind* |

Z

| zoológico | *zoo* |

Colores / Colors

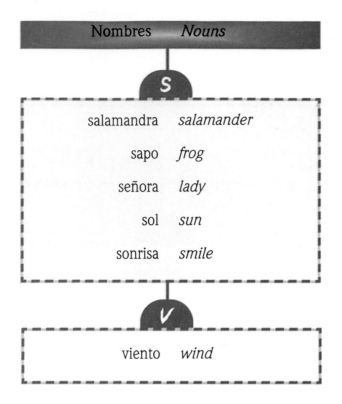

amarillo	*yellow*
azul	*blue*
blanco	*white*
carmesí	*crimson*
gris	*gray*
negro	*black*
rojo	*red*
rosa / rosado	*pink*
verde	*green*

Verbos / Verbs

arrullar	*to cuddle*
bailar	*to dance*
bañarse	*to bathe*
brincar	*to hop, leap*
cambiar	*to change*
cantar	*to sing*
cortar	*to cut, to trim*
dormir	*to sleep*
flotar	*to float*
jugar	*to play*
llorar	*to cry*
nadar	*to swim*
pelear	*to argue, to fight*
pensar	*to think*
pescar	*to fish*
saltar	*to jump, to leap*
sonreír	*to smile*
soñar	*to dream*
volar	*to fly*

GLOSSARY

(From English to Spanish)

Nouns	Nombres
A	
air	*aire*
animals	*animales*
B	
baby	*bebé*
bath	*baño*
beach	*playa*
beak	*pico*
bird	*ave*
boy	*niño*
butterfly	*mariposa*
breeze	*brisa*
C	
cock	*gallo*
comb (hens' / roosters')	*cresta*
cook	*cocinero*
corn	*maíz*
crocodile	*cocodrilo*

Nouns	Nombres
D	
double chin	*buche*
E	
elephant	*elefante*
eye	*ojo*
F	
fan	*abanico*
fish	*pez*
flamingo	*flamenco*
foam	*espuma*
frog	*sapo*
G	
girl	*niña*
goat	*chivo*

Nouns *Nombres*

H

hair	*pelo*
hair (untidy)	*greñas*
hen	*gallina*
hummingbird	*colibrí*

L

lady	*señora*
leg (animals')	*pata*
leg (people's)	*pierna*
lion	*león*
lioness	*leona*
love	*amor*

M

mane (lion's)	*melena*
moon	*luna*

Nouns *Nombres*

P

parrot	*loro / lora*
party	*fiesta*
peacock	*pavo real*
pelican	*pelícano*
poem	*poema*
pond	*estanque*
poo / little poo	*caca / caquita*

R

river	*río*
rooster	*gallo*

S

sailor	*marinero*
salamander	*salamandra*
sea	*mar*
smile	*sonrisa*
star	*estrella*
sun	*sol*

T

tadpole	*renacuajo*
tail	*cola*
tear	*lágrima*
turkey	*pavo*

Nouns *Nombres*

W

wave	*ola*
whale	*ballena*
wig (big)	*pelucón*
wings	*alas*
wolf	*lobo / loba*
word	*palabra*

Nouns *Nombres*

Z

zoo	*zoológico*

Colors Colores

black	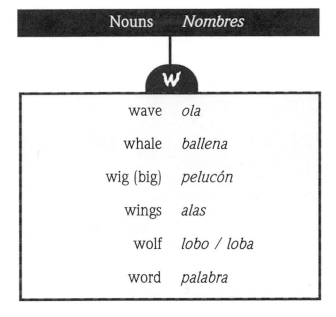	*negro*
blue		*azul*
crimson		*carmesí*
gray		*gris*
green		*verde*
pink		*rosa / rosado*
red		*rojo*
white		*blanco*
yellow		*amarillo*

Verbs Verbos

to bathe	*bañarse*
to change	*cambiar*
to cry	*llorar*
to cuddle	*arrullar*
to cut, to trim	*cortar*
to dance	*bailar*
to dream	*soñar*
to fight	*pelear*
to fish	*pescar*
to float	*flotar*
to fly	*volar*
to hop	*brincar*
to jump	*brincar / saltar*
to leap	*brincar / saltar*
to play	*jugar*
to sing	*cantar*
to sleep	*dormir*
to smile	*sonreír*
to swim	*nadar*
to think	*pensar*

PARA PADRES Y MAESTROS

1. **Poemas voladores** *(Flying Poems)*. Los poemas, al igual que algunas opciones de la vida, pueden o no ser provechosos. Vuelan en busca de ramas que se ajusten a su tamaño, que estén dispuestas a valorarlos, a acogerlos y donde puedan ser fructíferos.

2. **Baño de espuma** *(Foam Bath)*. Es con burbujas, juegos y fantasía con lo que los niños, al igual que los poemas, se lavan el alma y se colman de sonrisas.

3. **Alas de elefante** *(Elephant's Wings)*. Ocasionalmente todos hemos anhelado lo inalcanzable. Unos más que otros hemos deseado ser o hacer algo que no nos corresponde y para lo que no estamos destinados; es de ahí que nace la frustración. En cambio, la satisfacción brota al darnos cuenta, al igual que el elefante de esta fábula poética, de que lo importante es acoplar esos ideales a nuestro potencial. Por fin, al apreciar sus propios atributos —su generosidad y la fuerza para respaldar a quienes fueron destinados a volar— este elefante se siente complacido y feliz.

4. **Cocodrilo y colibrí** *(Crocodile and Hummingbird)*. La idea central de este poema es la necesidad de contar con respaldo social para aliviar las penas. Aún los más fuertes y poderosos necesitan de la perspicacia, de la sabiduría y del apoyo de quienes aparentemente son más frágiles. Con respaldo, comprensión y colaboración no sólo animamos a los demás, sino que por añadidura el mundo resplandece como la flor de la ilustración.

5. **Mamá ballena** *(Mother Whales)*. Este poema y su ilustración presentan la eterna imagen de la madona. En ambos emerge el amor y la protección maternal que se reflejan en el deseo de gozar de la dicha de la ballenita y de salpicar de ternura las olas de ese mar que arrulla nuestro mundo.

6. **El renacuajo** *(The Tadpole)*. La paciencia y el desarrollo de confianza en uno mismo son factores indispensables durante el crecimiento. El renacuajo puede tolerar la circunstancia actual porque sabe que es sólo una fase que lo acondiciona para el despliegue oportuno de su potencial.

7. **La salamandra Susana** *(Susanna, the Salamander)*. Éste no es sólo un poema en el cual los sueños y anhelos de contacto social se hacen realidad. Es un poema de integración. El deseo de amistad es tan fuerte que se extiende hasta seres de otros géneros. La refinada salamandra aprecia y respeta a su amigo por lo que él es: no un príncipe encantado, sino un sapo simpático y roquero.

8. **León, el del pelucón** *(Mr. Lion's Wig)*. Esta fábula poética alude al movimiento de liberación femenina. En él se señala la acostumbrada indiferencia y la falta de respeto del león hacia las leonas. Ellas aseveran sus propios méritos al organizarse, sin sed de venganza, para darle al león una lección que lo ayudará a superar sus limitaciones. Contrario a la historia de Dalila, estas leonas —confiadas en el potencial escondido de don León— guardan su melena para recompensarlo cuando su actitud hacia ellas haya cambiado. Al mejorar su carácter se restituye y se enaltece su aspecto físico.

9. **La lora doña Bochinches** *(Miss Gossipmonger, the Parrot)*. Este poema fomenta amabilidad, generosidad, control de nuestros impulsos y responsabilidad por lo que hacemos y decimos. Nuestras palabras y acciones son veneno o bálsamo que no sólo afecta al mundo en derredor, sino a nosotros mismos.

10. **Blanca loba** *(Lady Wolf)*. Estos versos describen la relación mística entre nuestro mundo y el universo. El color y la belleza del paisaje establecen una rítmica conexión espiritual con la que se destaca la semejanza entre la naturaleza y el universo.

11. **Flamenca la patiflaca** *(Flaminga, the Skinny Legged)*. Nuestra reacción a la crítica de otros podría impulsarnos a desplegar virtudes escondidas. Los comentarios burlones contra Flamenca sólo lograron transformarla en un ave bella que por fin puede pasearse orgullosa de sí misma.

12. **Don Pelícano** *(Mr. Pelican)*. Esta fábula nos advierte del peligro de querer ser como otros a expensas de desperdiciar nuestros mejores atributos. El poema va más allá de enseñarnos a que nos aceptemos por lo que somos; enfatiza que la característica que nos desagrada podría ser la particularidad más útil y la que nos imparte distinción.

13. **La niña del río** *(River Girl)*. Este poema es un retrato favorable y atractivo de lo desconocido. Describe un viaje maravilloso a un mundo repleto de sorpresas y riquezas que nos invita a explorar ambientes diferentes y a disfrutar de ellos. La historia de esta niña nos anima a conocer mundos ajenos que podrían estar colmados de elementos similares o distintos a los del entorno de donde venimos (como podemos apreciar en las inusitadas figuras de la ilustración). Regresamos sanos y salvos de ese mundo extraño, ennoblecidos por la experiencia y listos para transmitirles a los nuestros que debemos estrechar los lazos de amistad entre mundos distintos.

14. **El gallo peleón** *(The Scrappy Cock)*. El cortejo de esta fábula poética enseña, desde temprano, que para que una relación sea buena, para poder disfrutar de las fiestas y para saber enfrentar los altibajos de la vida, la pareja debe respetarse mutuamente y hacerse respetar. Al reclamar confianza y tolerancia logramos cambios con los cuales ambas partes salen ganando.

15. **El chivito marinero** *(The Sailor Goat)*. Éste es un tributo a nuestra capacidad de adaptación a ambientes ajenos. Al percatarnos de que podemos aportar nuestros valores tradicionales a los del nuevo mundo, nos sentimos más a gusto en este ambiente ancho que ya no nos parece tan ajeno y podemos desenvolvernos en él con soltura y placer. La historia de este chivito es la de millones de inmigrantes e incluso la del hombre en el espacio.

16. **El pavo real** *(The Peacock)*. Este poema nos demuestra que con otros seres podemos aprender cómo enfrentar situaciones adversas. Aquí la rivalidad se usa en forma constructiva. Este pavo real envidia a una dama encopetada que se defiende del calor con un abanico. Él quisiera poder hacer lo mismo y en el proceso estira al máximo su plumaje y así aumenta su esplendor.

17. **Alas y más alas** *(Wings and More Wings)*. Este poema le rinde homenaje a la diversidad. Enseña a aceptar, respetar y a reconocer el valor de todas las criaturas por sus distintas cualidades, pero hace hincapié en que las alas más poderosas son nuestros propios esfuerzos.

FOR PARENTS AND TEACHERS

1. **Flying Poems** *(Poemas voladores).* Poems, like certain options in life, may or may not be beneficial. They fly in search of branches suitable for their size, that are willing to honor and shelter them, and where they may be fruitful.

2. **Foam Bath** *(Baño de espuma).* Children, like poems, bathe their souls in bubbles, fun and fantasy, thus filling their lives with smiles.

3. **Elephant's Wings** *(Alas de elefante).* Occasionally we all have aimed for the unreachable. Some, more than others, have wished to be or to do what by design we are not meant to accomplish; this can be a source of frustration. However, satisfaction comes upon realizing, as does the elephant in this poetic fable, that what matters is the matching of our ideals to our potential. Once the elephant came to appreciate his own attributes —the generosity and strength that he lent to those destined to fly— he is finally pleased and happy.

4. **Crocodile and Hummingbird** *(Cocodrilo y colibrí).* This poem focuses on the need for social support to relieve our sorrows. Even the strongest and most powerful need the foresight, wisdom and support of those who seem to be more fragile. Support, understanding and cooperation serve, not only to cheer others, but also to make the world sparkle like the flower in the illustration.

5. **Mother Whales** *(Mamá ballena).* This poem and its illustration present the eternal image of the Madonna. Love and maternal protection are reflected in her wish to share in the good fortune of the baby whale and in her desire to sprinkle tenderness over the sea that cuddles our world.

6. **The Tadpole** *(El renacuajo).* Patience and development of self-confidence are indispensable for growth. The tadpole can bear his present circumstance because he knows that it is merely a preparatory stage of development that leads to the timely unfolding of his potential.

7. **Susanna, the Salamander** *(La salamandra Susana).* This is not simply a poem in which a desire for social contact is a dream fulfilled. It's also a poem about integration. The desire for friendship is such that it reaches out to other kinds. The refined salamander respects and appreciates her friend for what he is: not a prince charming, but a friendly rock'n-roller-frog.

8. **Mr. Lion's Wig** (*León el del pelucón).* This poetic fable alludes to the women's liberation movement. It points out the common indifference and lack of respect towards the lionesses that is exemplified by Mr. Lion. They assert themselves by organizing —without vengeful intentions— to teach him a lesson that will help him overcome his limitations. Contrary to Delilah's story, the lionesses, sure of Mr. Lion's hidden potential, keep his mane intending to reward him once he changed his attitude towards them. The improvement in his character is matched by the restoration and enhancement of his magnificence.

9. **Miss Gossipmonger, the Parrot** *(La lora, doña Bochinches).* This poem promotes kindness, generosity, self-restraint, and responsibility for what we say and do. Our words and actions are either a poison or a balm that affect not only our neighbors but also ourselves.

10. **Lady Wolf** *(Blanca loba).* These verses describe the mystical relationship between our world and the universe. Color and the beauty of the landscape establish a rhythmic and spiritual connection that highlights the similarity between nature and universe.

11. **Flaminga, the Skinny Legged** *(Flamenca la patiflaca).* Our reaction to criticism can trigger the unfolding of hidden virtues. Mockery directed at Flaminga served to transform her into a beautiful bird that finally can stride about with self-pride.

12. **Mr. Pelican** *(Don Pelícano).* This fable warns us of the danger of wishing to be like others at the expense of overlooking our strongest attributes. The poem goes beyond teaching us to accept ourselves for what we are; it emphasizes that what we may consider to be the most undesirable of our features could well be our most valuable asset and a source of distinction.

13. **River girl** *(La niña del río).* This poem is a positive and attractive portrayal of the unknown. It describes a marvelous trip to another world full of surprises and riches waiting to be explored and enjoyed. This girl's story encourages us to look into foreign worlds full of familiar and unfamiliar elements (as depicted in the illustration with unusual creatures). We return safely from the foreign world, enriched by the experience and eager to convince others that we must tighten the bonds of friendship among different worlds.

14. **The scrappy cock** *(El gallo peleón).* This poetic fable describing a courtship uses the opportunity to teach, at an early age, that —for a relationship to be good, to be able to enjoy festivities and even to face the ups-and-downs of everyday life— a couple must command the respect of each other. By demanding trust and tolerance we bring about changes that are mutually beneficial.

15. **The Sailor Goat** *(El chivito marinero).* This is a tribute to our capacity for adaptation to foreign environments. Once we realize that we can share our traditional values with our new world we become sufficiently comfortable in this huge, and now not-so-unfamiliar world, to live freely and happily. The story of this goat is that of millions of immigrants, and even that of man in space.

16. **The Peacock** *(El pavo real).* This poem proves we can learn from others how to face adverse situations. Here, rivalry is used in a constructive manner. This peacock envies a fancy lady who relieves her discomfort from the heat with a fan. He would like to do the same, and in his attempt to do so the bird stretches its feathers to the maximum and thereby magnifies his splendor.

17. **Wings and More Wings** *(Alas y más alas).* This poem honors differences. It teaches us to accept, respect, and recognize the value of all creatures for their diverse qualities but emphasizes that our own efforts are the most powerful of wings.

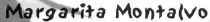

Margarita Montalvo

Nació y se crió en San Juan de Puerto Rico (*La isla del encanto*)
y desde hace dieciséis años reside en Albuquerque, Nuevo México
(*La tierra del encanto*) con su esposo, Braulio Montalvo.
Empezó su carrera como maestra de español y francés.
Actualmente se desempeña como traductora de español e inglés
para varias empresas y es intérprete judicial.
El *Zoológico de poemas* es su primer libro de versos
y las ilustraciones del mismo son sus primeras acuarelas.

Margarita Montalvo

*Was born and raised in San Juan, Puerto Rico (The Island of Enchantment)
and for the past sixteen years has lived in Albuquerque, New Mexico
(The Land of Enchantment) with her husband, Braulio Montalvo.
She began her career as a teacher of Spanish and French.
Currently, she works as Spanish and English translator
and judicial interpreter.
Poetry Zoo is not only her first book of poems,
but its illustrations are her first watercolors.*